AF358277

Vente du Vendredi 10 Juin 1904

HOTEL DROUOT — SALLE N° 9

OBJETS DE LA CHINE

Et du Japon

CURIOSITÉS

Mᵉ F. LECOCQ, Commissaire-Priseur,

M. LE MAIRE-DEMOUY, Expert,

IMPRIMERIE MAULDE et RENOU

MAULDE, DOUMENC & Cⁱᵉ

IMPRIMEURS DE LA COMPAGNIE DES COMMISSAIRES-PRISEURS

Rue de Rivoli, 144

Collection d'Aschen

OBJETS DE LA CHINE

ET DU JAPON.

Bronzes, Curiosités, Peintures

LAQUES, PORCELAINES, ÉTOFFES ET COSTUMES

Pièces en Jade, Pierre translucide, Ivoire & Bois sculptés

OBJETS DE VITRINE

DEUXIÈMEMENT

OBJETS DE CURIOSITÉ

Bronzes, Porcelaines

APPARTENANT A M. D***

DONT LA VENTE AUX ENCHÈRES PUBLIQUES AURA LIEU

HOTEL DES VENTES, RUE DROUOT, 9

SALLE N° 9

Le Vendredi 10 Juin 1904

A **DEUX** HEURES **PRÉCISES**

Mᵉ F. LECOCQ	M. LE MAIRE-DEMOUY
COMMISSAIRE-PRISEUR	EXPERT
41, Rue Richer	Rue de l'Université, 10

EXPOSITION PUBLIQUE

Le Jeudi 9 Juin 1904, de 1 heure 1 2 à 5 heures 1 2

PARIS — 1904

CONDITIONS DE LA VENTE

Elle sera faite **au comptant**,

Les Acquéreurs paieront **dix pour cent** en sus du prix d'adjudication.

L'Exposition mettant les acquéreurs à même de vérifier l'état des objets vendus, il ne sera admis aucune réclamation une fois l'**adjudication prononcée**.

MAULDE, DOUMENC et Cⁱᵉ, imprimeurs de la Cⁱᵉ des Commissaires-Priseurs
rue de Rivoli, 144   300—19525

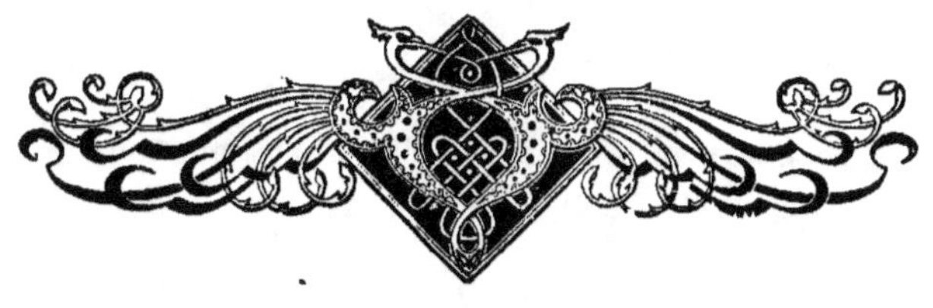

DÉSIGNATION

Collection de M. D'ASCHEN

1 — Grand Brûle-Parfums, bronze du Japon ancien,
patine à reflets d'or, représentant un éléphant
surmonté d'une pagode en bronze très finement
ciselé.

    (Pièce très rare.

    Socle en bois pour le dit.

2 — Grand Brûle-Parfums semblable au précédent.
    Socle en bois.

3 — Brûle-Parfums, bronze ancien du Japon, sur
double socle en bois de fer sculpté.

4 — Groupe en bronze ancien du Japon, patine à
reflets d'or, représentant Confucius sur une tortue
marine.

    (Pièce rare et d'une exécution remarquable).

5 — Temple, bronze ancien de la Chine, sur terrasse
portant quinze personnages.

    (Pièce très rare).

6 — Groupe bronze ancien de la Chine, représentant un dragon et un tigre.

7 — Deux Vases bronze du Japon, cols évasés, anses formées par des papillons, patine brune.

8 — Grande Fontaine, bronze ancien du Japon incrusté d'argent, couvercle surmonté d'une grenouille, robinet forme de dragon.

9 — Grande Fontaine semblable à la précédente.

10 — Brûle-Parfums en bronze ancien du Japon, canards sur pieds en bois de fer sculpté.

11 — Deux grands Vases du Japon, bronze ancien, patine noire avec incrustation d'argent, anses formées par des papillons.

12 — Deux Vases, bronze ancien de la Chine, décor branches de pêchers en fleurs.

13 — Brûle-Parfums, bronze de Chine, couvercle et pied en bois de fer finement sculpté.

14 — Fontaine, bronze ancien du Japon, patine fauve, le couvercle surmonté d'une chimère, robinet en forme de dragon.

15 — Fontaine semblable à la précédente.

16 — Paon sur un tronc d'arbre, bronze ancien du Japon.

17 — Brûle-Parfums en bronze ancien du Japon, en forme de fleur de lotus, sur socle en bois de fer à huit pans.

18 — Garniture composée d'un brûle-parfums et de
deux vases à long col, bronze ancien de la Chine, sur
socle bois de fer sculpté formant trois gradins.

19 — Deux grands Vases, bronze du Japon, patine
brune, ornements gravés.
Deux Pieds en bois pour les dits.

20 — Brûle-Parfums, bronze du Japon, orné de souris
formant anses.

21 — Petit Vase à long col et anses, bronze du Japon.

22 — Petit Vase méplat, bronze ancien chinois, sur socle
bois de fer.

23 — Bouddha accroupi, bronze du Japon.

24 — Vieillard assis près d'une table, bronze ancien du
Japon.

25 — Deux Canards, bronze du Japon, patine brune.

26 — Deux Cavaliers, bronze du Japon.

27 — Deux Bœufs, bronze du Japon.

28 — Coupe de jade vert, en forme de nid entouré de
salamandres et reptiles d'eau pris dans la masse.
Pied en bois de fer sculpté.

29 — Vase en jade vert, à anses en forme de chimère.
La panse très finement gravée, pied et couvercle en
bois de fer sculpté, ce dernier surmonté d'un bouton
en cornaline gravée.

30 — Vase forme buire, en jade vert gravé et orné d'entrelacs.

31 — Deux grands Vases en porcelaine de Chine, formant paire, décorés de personnages et de fleurs polychromes.

Pieds en bois de fer sculpté.

32 — Deux Lampes, porcelaine de Chine à personnages, monture en bronze doré, avec système Carcel.

33 — Deux Vases en porcelaine de Chine décorés de personnages.

Pieds en bois de fer sculpté.

34 — Coupe plate en porcelaine de Chine, ornée de personnages.

Sur socle en bois de fer sculpté.

35 — Garniture en ancienne porcelaine du Japon, composée d'une grosse potiche et de deux grands Cornets ornés d'oiseaux et de fleurs.

36 — Coupe porcelaine du Japon, décor fond rouge.

37 — Sept petites Danseuses de Chine, porcelaine décorée polychrome.

38 — Deux petites Statuettes en porcelaine de Chine, tire-langue.

39 — Cinq petites Figurines accroupies, porcelaine de Chine.

40 — Deux Figurines « La Nature », porcelaine de Chine polychrome.

41 — Une Tasse à thé à couvercle et soucoupe lobée, porcelaine de Chine.

42 — Deux Grenouilles en grès polychrome.

43 — Deux Coupes porcelaine du Japon, à décor rouge et bleu, sur pied élevé.

44 — Deux petites Pagodes, porcelaine ancienne de Chine, sur pied en bois de fer sculpté.

45 — Deux petits Personnages, porcelaine de Chine décorée.

46 — Une Statuette « La Nature », porcelaine couverte blanche du Japon.

47 — Un Petit Baril à eau et Porte-Fourneau en porcelaine de Chine.

48 — Quatre Figurines indiennes, de Singapour.

49 — Deux petites Figurines indiennes.

50 — Deux Figurines, porcelaine de Saxe. Jardinier et Jardinière.

51 — Deux Figurines, porcelaine de Saxe : Concert de singes.

52 — Deux Tasses et Soucoupes, porcelaine de Chine, avec cloche à infusion et bouchon flotteur.

53 — Un Bol à riz, porcelaine de Chine, décoré de fleurs.

54 — Deux Couverts, Baguettes à riz, en étui.

55 — Un lot de Figurines en porcelaine de Chine et en marbre.

56 — Un lot de Soucoupes et de Théières en porcelaine de Chine.

57 — Deux Jardinières, forme basse, bronze cloisonné de Pékin.

58 — Corne en pierre translucide polychrome, sculptée et ajourée, ornée de personnages dans un paysage.

> Socle bois de fer sculpté avec arbres et animaux.

59 — Deux Jardinières en pierre translucide, ornées d'arabesques en casse-tête.

60 — Deux Coupes en pierre translucide, forme cœur et ornées de sculptures ajourées.

> (Une pièce restaurée).

61 — Une paire de Statuettes en pierre translucide décorée, représentant des pêcheurs.

62 — Une paire de Vases, pierre translucide, décorés de végétations brunes prises dans la masse.

63 — Groupe de trois Sages, pierre translucide.

> Sur socle sculpté pierre noire.

64 — Coupe en pierre translucide, couvercle et pied en bois de fer sculpté.

65 — Deux petits Vases en pierre translucide, ornés de végétations ajourées et prises dans la masse.

> Socles en bois de fer sculpté.

66 — Statuette de Bouddha au lotus, pierre translucide.

67 — Lotus en pierre translucide polychrome, sur
socle.

68 — Petite Colonne Trajane en marbre rouge de
Grèce.

(Travail italien).

69 — Godet à eau, pierre translucide, avec sculptures.

70 — Godet à eau, pierre translucide avec décoration
de feuillages.

71 — Deux Singes en pierre décorée de peintures.

72 — Coupe, pierre translucide, sur socle bois de fer.

73 — Dragon sculpté, pierre translucide.

74 — Bouddha sculpté, pierre translucide.

75 — Grande Lanterne en bois de fer finement sculpté,
à six pans et verres décorés de peinture.

76 — Grande Lanterne en bois de fer sculpté et ajouré,
douze panneaux garnis de verres ornés de peinture.

77 — Guéridon rectangulaire, laque de Chine, à hauts
reliefs, représentant un paysage animé de personnages multiples.

78 — Table carrée en bois de fer très finement sculpté,
dessus marbre.

79 — Guéridon en bois de fer, dessus formé par un plateau en porcelaine décorée d'un paysage avec personnages.

80 — Guéridon semblable au précédent, plateau avec décor différent.

81 — Coffret en laque de Canton, contenant un jeu de boîtes à thé en porcelaine décorée.

82 — Coffret en laque de Canton se développant, à charnières et contenant un jeu de boîtes à thé en porcelaine décorée.

83 — Boîte en laque de Canton, contenant quatre coffrets de fiches et de jetons de jeu en nacre d'Orient ciselée et gravée.

84 — Une série de Jetons en nacre gravée.

85 — Grand Écran en bois de fer finement sculpté.
  Panneau en soie brodée représentant un paon et des faisans.

86 — Grand Écran en bois de fer finement sculpté.
  Panneau en soie brodée représentant des coqs et des hirondelles.

87 — Écran en bois de fer sculpté et ajouré.
  Médaillon formé par un panneau de soie brodée et orné d'un paysage et de personnages.

88 — Table à ouvrage en laque de Canton, garnie de tous ses accessoires. Ivoire gravé.

89 — Guéridon rond, laque de Canton, dessus orné d'une multitude de personnages.

90 — Écran à trois volets, corps en bambou.
  Les panneaux avec décors en soie brodée.

91 — Deux Écrans chinois avec dragons sculptés, en bois de fer.

92 — Deux Écrans, bois de fer sculpté et ajouré, avec panneau en forme d'éventail orné de sculptures et de personnages.

93 — Deux Écrans ronds chinois, pied orné d'une grenouille en pierre translucide polychrome.

94 — Deux Éléphants en bois noir sculpté.

95 — Une Table-Gigogne, laque de Canton.

96 — Une Table-Gigogne, laque de Canton.

97 — Trois Modèles en bois de constructions japonaises.

98 — Deux Éventails chinois.

99 — Boîte à couleurs garnie de ses laques et de ses pinceaux.

100 — Tête de bambou finement sculptée, avec paysage et quantité de personnages pris dans la masse.

101 — Forteresse chinoise bois sculpté et fouillé, avec personnages et constructions.

Pied en bois de fer sculpté.

102 — Jonque chinoise avec ses agrès et des personnages, bambou finement fouillé.

Pied en bois de fer.

103 — Un Échiquier chinois, laque de Canton, avec pièces en ivoire.

104 — Un Damier chinois, laque de Canton, pions en ivoire.

105 — Sabre chinois, fourreau en écaille de l'Inde, garniture en cuivre guilloché et ciselé.

106 — Étui en bois de santal orné de paysages sculptés.

107 — Canne de mandarin constituée par une épine dorsale de requin.

108 — Coupe ronde en écaille de l'Inde sculptée et gravée, montée sur pied à jeu de boules.

109 — Coquille de nacre ornée de sculptures.

110 — Six Coussins à glands pour chaises, étoffes de soie brochées et lamées assemblées.

111 — Une Série de Coussins ornés de broderies en soie.

112 — Une paire de Socques japonais.

113 — Une paire de Chaussures chinoises brodées.

114 — Boîte en laque de Canton contenant un costume en soie bleue ornée de broderies et de paillettes en argent.

115 — Schal-Écharpe, tissu broché indo-chinois, dans une boîte ornée de peintures sur soie.

116 — Deux Babouches chinoises brodées en soie.

117 — Deux Babouchettes chinoises brodées en soie.

118 — Une série de Glands pour costume en soie rose de Chine et grenat.

119 — Boîte de laque de Canton contenant une écharpe en pongé écarlate, garnie d'une haute frange de soie.

120 — Un Lot d'Insignes brodés sur soie.

121 — Un lot d'Objets en ivoire gravé et ajouré *(Sera divisé)*.

122 — Un lot de Pieds et de Socles en bois de fer sculpté *(Sera divisé)*.

123 — Un lot de Costumes et de Coiffures chinoises *(Sera divisé)*.

124 — Une Coiffure de danseuse, bijouterie chinoise.

125 — Un lot de Babouches et Chaussures chinoises *(Sera divisé)*.

126 — Un lot d'Épingles et d'Ornements pour coiffure *(Sera divisé)*.

127 — Une Parure chinoise, coquillages et filigrane d'argent.

128 — Grand Tableau, peinture chinoise sur toile : Vue des factoreries européennes sur la rivière de Canton, en 1847.

Spécimen très rare de l'art chinois.

129 — Grand Tableau, peinture chinoise sur toile : Vue du port d'Honam, en 1847.

Spécimen très rare de l'art chinois.

130 — **Tableau**, peinture chinoise sur toile, représentant des **dames** et des enfants en visite.

Cadre en bois de fer sculpté.

131 — Tableau, peinture chinoise sur toile, représentant un groupe de femmes se livrant à la pêche.

Cadre en bois de fer sculpté.

132 — Deux Tableaux, aquarelle chinoise sur papier de
riz entre deux verres, représentant des scènes d'inté-
rieur.

Cadre en bois de fer sculpté.

133 — Trois Tableaux, aquarelle chinoise sur papier de
riz, représentant des personnages costumés en étoffes
brodées.

134 — Deux petits Tableaux, têtes de femmes, aquarelle chinoise sur papier de riz.

La marge ornée d'entrelacs au pinceau.

135 — Quatre Vues de la Chine, peinture sur toile, réu-
nies dans un cadre.

136 — Un grand Tableau, peinture chinoise ancienne,
représentant un paysage animé de personnages.

137 — Un grand Tableau, peinture chinoise ancienne,
représentant une procession de personnages très
richement costumés.

138 — Quatre Albums, personnages costumés, aqua-
relles chinoises *(Sera divisé)*.

Objets appartenant à M. D***

139 — Statuette bronze: Fanny Essler, par A. BARRE.

140 — Deux Médailles en bronze: Prise de la Bastille et Retour du Roi à Paris.

141 — Un Poignard en bronze.

142 — Deux Flambeaux en bronze de style roman.

143 — Une Figurine, bronze antique, sur socle en marbre de Sienne.

144 — Un Vase en bronze ancien du Japon, décoré genre vannerie.

145 — Une petite Lanterne-Veilleuse, bronze de l'époque de Louis XIII.

146 — Un petit Vase en bronze, époque de la Renaissance.

147 — Une Croix en bronze, en forme de reliquaire.

148 — Un Reliquaire en forme de châsse gothique.

149 — Une Clef ancienne, époque de Louis XIV, fer ciselé.

150 — Garniture de Psautier, xve siècle.

151 — Un Pied en bois de fer sculpté pour écran chinois.

152 — Une petite Lampe antique en bois. Garniture de sabre japonais.

153 — Deux Chenets en bronze à griffons, de style Régence.

154 — Vase en porcelaine de Chine ancienne, décor bleu et blanc, pied et couvercle en étain.

155 — Grande Potiche en porcelaine de Chine ancienne à couvercle, décor bleu et blanc.

156 — Jardinière en porcelaine de Chine décorée de dragons et d'ornements polychromes. Monture bronze doré.

157 — Deux Cornets en porcelaine ancienne du Japon, décor rouge et blanc à fleurs de chrysanthèmes.

158 — Un Pot à lait, porcelaine de l'époque de Louis XVI.

159 — Un Sucrier, porcelaine de l'époque de L. XVI.

160 — Deux Soucoupes, porcelaine de l'époque de Louis XVI.

161 — Un Vase à quatre anses, grès de DELAHERCHE.

162 — Un Plat, grès flammé à reflets métalliques.

163 — Un Vase méplat, pâte de verre polychrome gravée.

164 — Un Service à thé et à café, porcelaine de Chine ancienne, composé de cinq tasses, une théière, un sucrier, un bol, un pot à lait, décor polychrome à personnages et semis d'or.

165 — Une Boîte à thé, laque d'or du Japon, chrysanthèmes en relief, semis d'or en casse-tête, couvercle bronze ajouré.